Jean-Paul ESCHLIMANN
Pierre TRICHET

I0435445

MONUMENTS FUNÉRAIRES EN CÔTE-D'IVOIRE

SMA Publications
www.smainternational.info

Photo de couverture :
   Représentation d'un défunt assis,
   détail du moment funéraire de M'Baousséssou.

Crédit photos :
Pierre Trichet, pour l'ensemble des prises de vue faites en février 1986, sauf :
- Jean-Paul Eschlimann : p. 5, 9, 11, 28, 29, 34, 38, 50, 62, 73-75.
- Françoise Doutreuwe-Salvaing : 17, 30, 33, 55, 59, 61.

Mise en page et composition, pour SMA Media Center :
   André N'koy Odimba

ISBN-13: 978-1532759765 (CreateSpace-Assigned)
ISBN-10: 1532759762
© *SMA Publications, Rome, avril 2016.*

Avant-propos

Assurer la survie de la personne est l'une des aspirations les plus profondes des civilisations africaines. Les traditions akan[1] en ont fait le point central de leur projet de vie. Les rapports aux parents défunts sont particulièrement soignés et font l'objet d'un ensemble de dispositions cultuelles hautement élaborées[2].

Les défunts étaient traditionnellement inhumés derrière les maisons, à la lisière de l'espace villageois et de la brousse. Les tombes ne faisaient pas l'objet de soins particuliers. Sur un simple tumulus de terre, quelques débris de verres, d'assiettes brisées, de tessons de bouteilles, un vase de nuit renversé, signalaient une sépulture. Les passants, à la vue des objets qui gisaient à cet endroit, évitaient de marcher sur la tombe. En outre, à la période des travaux préparatoires de la culture sur brûlis, les villageois veillaient à éviter le passage du feu à ces endroits. Enfin, les femmes n'y déversaient pas les ordures ménagères. Et les responsables de la famille s'assuraient qu'aucun imprudent ne vienne creuser à cet endroit.

Dans chaque concession d'hommes était réservé un recoin où l'on avait dressé un autel à la mémoire des disparus de la famille. Une petite table basse ou une élévation en briques et ciment servait d'autel. Les vivants y déposaient, en les renversant, des débris de vaisselle ou d'objets à usage familier et quotidien. Les chefs de famille venaient y présenter des offrandes et y verser des libations lors d'une occasion particulière : naissance, mariage, jugement d'un litige impliquant un membre de la famille, fête des ignames (retour de l'an), etc. Tout se

---

1. Les Akan englobent plusieurs ethnies : Asante, Abron, Anyi, Aowin, Bono Nzena, Fante, Kwahu, Denkyira, Akwapin. Une partie de ces ethnies peuplent l'Est et le Centre de la Côte d'Ivoire. Le cœur de la civilisation akan était constitué par l'empire ashanti, dont la capitale était Kumasi, au Ghana actuel. La plupart de ces sous-groupes pratiquaient traditionnellement une forme de commémoration funéraire en utilisant des sculptures en terre cuite.
2. Cf. *Les Agni devant la mort*, Eschlimann Jean-Paul, Karthala, 1985.

passait discrètement, à l'intérieur des concessions.

Ces dernières décennies, surtout à partir des années 1960, un fait nouveau est apparu : l'intérêt pour la valorisation des tombes des personnes ayant eu un parcours social réussi, selon les critères de ces sociétés. Ces morts font la fierté du clan, et les vivants le montrent, l'imposent à la vue des passants, et s'assurent ainsi que la mémoire du défunt dure au sein du groupe social et défie le temps.

Sous l'influence des artistes ghanéens, eux-mêmes formés au Nigéria et au Bénin, des tombeaux à statuaire furent érigés, d'abord dans la région Abron-Agni frontalière du Ghana, puis essaimèrent dans toute la partie de la Côte d'Ivoire peuplée de groupes relevant de l'aire akan (Agni, Baoulé, Akyé…). Le présent ouvrage propose au lecteur un voyage modeste dans cet univers surprenant et lui offre quelques clés de lecture symbolique de ces œuvres d'art.

Jean-Paul Eschlimann

Légende
0 : Monument
1 : Intérieur du monument
2 : Seuil
3 : Fronton
4 : Esplanade

KOUADIO DONGO PLANTEUR A DODAPLE

BENE YAO
Sculpteur de monuments funéraires

Bene Yao est né en 1939 à Adandia, village situé sur l'axe routier reliant Transua à Assuéfry[3]. Il y meurt en 2008. Il appartient au peuple abron, que les frontières coloniales ont coupé en deux, une partie résidant en Côte d'Ivoire, l'autre au Ghana voisin. Il n'a pas été scolarisé, et s'est engagé dans le métier de maçon.

Le sculpteur Bene Yao avec une épouse à Adandia

---

3. Deux Sous-préfectures situées au sud de Bondoukou.

La rencontre avec un artiste ghanéen, nommé Koffi Mouroufié, va lui ouvrir d'autres voies. Le Ghanéen était venu à Kékréni (S/P d'Assuéfry) pour édifier un monument funéraire pour un parent. Maîtrisant seulement l'art du dessin et de la peinture, ne sachant ni construire ni crépir, Koffi Mouroufié s'est entouré de jeunes formés à ces métiers. C'est ainsi que Bene Yao est devenu l'un des «apprentis» de l'artiste ghanéen. Cela se passait au début de l'année 1970, et la formation dura six ans.

Aux côtés de son maître, Bene Yao s'aperçut très vite que la construction de monuments funéraires constituait un travail lucratif. Il me le confia en ces termes : « Il y avait plus de bénéfice pour moi que dans le travail des champs. Alors, je me suis intéressé au travail des cimetières. »

Bene Yao présente une de ses œuvres.

8

Au terme de son temps d'apprentissage, Bene Yao constitua sa propre équipe, composée de son fils Jacob et de deux jeunes du village d'Adandia. Il lui était d'autant plus facile de se mettre à son propre compte que l'outillage et le matériel nécessaire pour la construction des monuments n'exigeaient pas d'investissement important. Il lui fallait essentiellement des truelles, une scie à bois et une à métaux, une hache, un niveau, des tenailles, des pinceaux, un marteau, des pochoirs pour le dessin des pagnes. Sa première œuvre à Adiborobo (S/P de M'Batto) lui rapporta 650.000 CFA[4], somme qui lui permit de construire sa maison à Adandia.

Outils du sculpteur.

_____

4. Soit environ 1000 €.

Pour perfectionner ses compétences de sculpteur et pour initier ses jeunes apprentis, Bene Yao assura à son domicile une sorte de « formation permanente ». A cet effet, il collectionna des schémas de squelettes humains, tailla des têtes – toujours vues de profil – dans des planches, s'exerça à fabriquer des angelots ou des petits animaux (chats, chiens…). Il collectionna également des livres de prière illustrés de scènes bibliques ou de personnages célestes de la dévotion populaire. Ces ouvrages du Ghana voisin exercèrent une grande influence sur les artistes ivoiriens.

Bene Yao est donc le réalisateur de tous les monuments funéraires présentés dans cet ouvrage. Il m'accompagna en 1986 pour en faire la visite et pour m'en expliquer la symbolique et les secrets de fabrication.

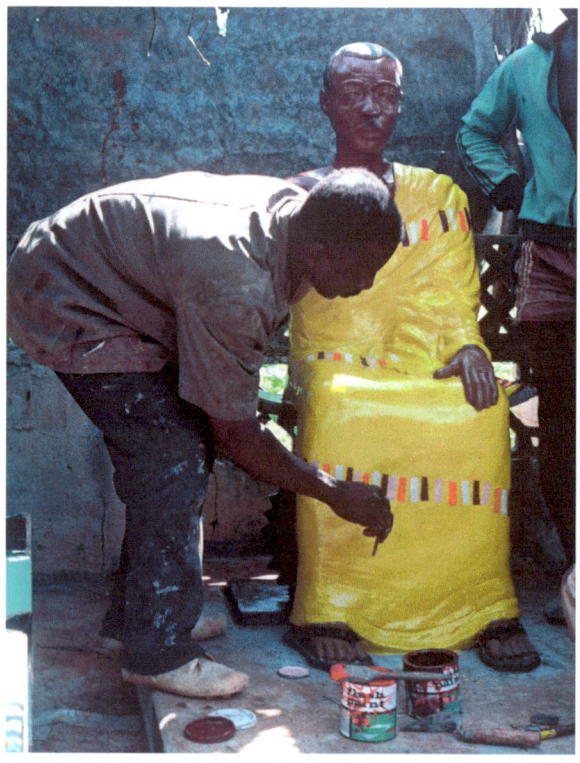

Bene Yao achève la peinture d'une statue.

Signature de l'artiste sur sa maison à Adandia.

Le sculpteur Bene Yao présente un angelot au calice.

Têtes de profil, taillées dans des planches de bois.
Au domicile de Bene Yao.

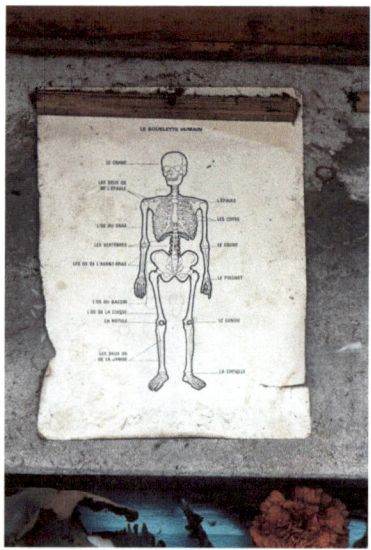

Schéma d'un squelette humain.
Au domicile de Bene Yao.

Monuments publics,
« Sous surveillance » !

Celui qui s'arrête devant l'un de ces tombeaux est très vite interpellé par un adulte qui appartient à la famille du défunt. Tout se passe comme si l'endroit était surveillé en permanence et que toute intrusion était sujette à autorisation préalable de la part des maîtres du lieu. Cette surveillance est d'autant plus facile à exercer que le monument se trouve près du village, voire dans la concession même du défunt (c'est le cas à N'Zéré[5], par exemple).

Monument funéraire à Fissa.

Un monument à statuaire, public à première vue ! Il est destiné à parler au passant, à frapper son imagination, à éveiller en lui l'admiration, voire la crainte. C'est pour cela que les tombeaux sont édifiés au bord des routes, près des voies principales donnant accès au village. Il n'était visiblement pas fait pour être caché derrière les

---

5. Village de la sous-préfecture de Bondoukou.

maisons, vers la lisière de la brousse, comme le faisait la tradition. Quelle qu'en fût l'orientation, l'artiste s'ingéniait toujours à tourner la figure du mort vers la route, pour que tout passant puisse l'admirer.

Monument funéraire à M'Baousséssou.

Mais l'édifice est d'abord la propriété du défunt qui y repose. Quelquefois, plusieurs morts y ont trouvé sépulture. C'est fréquent à Kékréni[6]. Le monument constitue l'espace villageois réservé au mort ; c'est son domaine. Or, l'idéologie akan a appris à ses membres qu'on ne dérange pas un défunt inutilement, que ce soit en se rendant sur sa tombe, que ce soit en l'appelant ou parlant de lui. Tout un rituel de propitiation, destiné à le satisfaire ou à solliciter ses faveurs, ordonne les rapports avec lui. Car les habitants du séjour des morts sont facilement coléreux et vindicatifs. S'ils sont maltraités ou peu respectés, ils envoient quantité de malheurs aux vivants. C'est un risque que ces derniers ne prendront pas. Les héritiers du mort veillent donc pour qu'on n'approche pas de la tombe à la légère sans prendre les précautions et garanties nécessaires à cet effet.

6. Situé dans la Sous-préfecture d'Assuéfry.

14

Monument funéraire à Bacon.

Outre le respect des coutumes et le contentement des morts, ces gardiens vivants de la tradition en retirent également un autre bénéfice. Comme la réalisation du monument funéraire a coûté cher, la famille en profite pour percevoir une « taxe d'entrée » auprès du visiteur qui se présente, et pour amortir ainsi une partie des dépenses entraînées par la construction.

L'artiste Bene Yao[7] m'en avait prévenu. Lorsque je lui ai fait part de mon intention de visiter toutes ses œuvres, il m'a dit : « Ils vont te faire payer cher. Tu vas débourser jusqu'à cinquante mille CFA[8] par entrée ! » Mais les droits d'entrée ont été beaucoup plus raisonnables, grâce à la diplomatie de mon ami.

---

7. C'est le nom abron de l'artiste qui a réalisé la quasi-totalité des monuments présentés dans cet ouvrage, et qui m'a accompagné pendant toute la durée de mon enquête.
8. Soit environ 77€, en 1986.

Sa présence à mes côtés fut pour moi un atout précieux. D'emblée, l'artiste savait à qui s'adresser pour obtenir l'autorisation de pénétrer dans le tombeau. Sa présence me rendait moins étranger et moins étrange. L'amitié et le respect qu'on avait pour lui rejaillissaient sur moi et me facilitaient singulièrement le travail. Enfin, Bene Yao savait présenter ma démarche aux propriétaires des monuments pour qu'ils ne me traitent pas comme un visiteur à exploiter. Il leur expliquait que la photo, le livre, l'exposition ou la projection, allaient glorifier le nom de leur défunt et faire connaître le statut éminent de la famille qui a eu les moyens d'un tel édifice. Les parents du défunt en retireraient un capital de prestige non négligeable. Or, c'était bien l'un des buts que les commanditaires poursuivaient à travers une telle œuvre d'art. Ma recherche s'inscrivait ainsi dans la problématique des responsables lignagers et contribuait à la réalisation de leur projet.

Monument funéraire à Kékréni.

Finalement, l'autorisation était accordée et le tombeau s'ouvrait moyennant la prestation d'une bouteille de vin, de rhum ou de gin, nécessaire pour effectuer les libations coutumières. Parfois, les responsables du lignage nous accompagnaient jusqu'à la tombe. Ils appelaient le mort, lui adressaient une prière, lui demandant de bénir notre travail et lui versaient sa part de boisson. L'enquête ethnographique pouvait commencer. Le plus souvent, ce rite initial se faisait dans la maison du chef de lignage. Celui-ci désignait alors un homme parmi les assistants pour nous accompagner au monument et pour être témoin de ce qui allait s'y passer. Enfin, dans de très rares occasions, nous (l'artiste, le photographe, l'interprète et moi-même) avons travaillé sans avoir sollicité l'autorisation préalable auprès de la famille. Je sentais à ce moment-là l'énervement de Bene Yao. Il ne cessait de répéter : « Allons, partons ! Sinon on va nous accuser d'avoir détérioré le monument ! » Il se sentait alors fautif de n'avoir pas respecté les circuits normaux prévus par l'idéologie sociale.

Monument funéraire d'Abié 1, près d'Adzopé.

Cette visite des divers tombeaux à statuaire m'a permis de faire une autre expérience. En effet, après un temps plus ou moins long consacré aux politesses et aux diverses tractations, Bene Yao précisait à nos interlocuteurs que j'étais prêtre. Contrairement à ce que certains disent ou écrivent au sujet de la religion chrétienne dans ses rapports avec l'Afrique, mon identité fut toujours très bien accueillie par les milieux qui ne me connaissaient pas. Et lorsque je me mettais à parler agni (plutôt mal que bien), les visages se déridaient, les poignées de main devenaient plus chaleureuses et, parfois, un cadeau m'était offert.

Ces œuvres d'art ne sont donc pas livrées en pâture aux touristes ou aux visiteurs de passage. Les monuments nous parlent du défunt et des siens, des mérites de celui qui est mort et de ceux qui ont hérité de lui, et ils invitent à tisser un certain type de rapports avec eux. Il faut recevoir cette invitation et comprendre ce langage, avant de pénétrer dans un tombeau sous peine de le violer.

Monument funéraire en forme de siège traditionnel à Kékréni.

18

POUR PERSONNES RICHES
ET MÉRITOIRES

Appartenances confessionnelles des défunts

La plupart des tombeaux à statuaire sont élevés sur des sépultures de personnes pratiquant les cultes ancestraux. Les fidèles des religions traditionnelles plantent un petit arbuste pour marquer la présence d'une tombe, y déposent souvent le vase de nuit du défunt, sa poire à lavement ou d'autres objets à usage intime dont le trépassé se servait de son vivant.

Défunt fortuné, monument d'Abongoua.

Lorsque l'art funéraire s'est répandu vers le Sud-Est et vers le Centre de la Côte d'Ivoire, la demande des monuments a été faite

19

pour des chrétiens. A Afféry, le mort s'appelle Eugène[9] , à Bacon (S/P Akoupé) il se nomme Boniface. Chez les Agni de Bébou (route de M'Basso), c'est en l'honneur de Bernard qu'on a édifié le tombeau. A Kangandi (S/P Bongouanou) le monument s'élève au milieu d'un cimetière chrétien.

Moi-même je n'ai vu qu'un seul édifice érigé sur la tombe d'un musulman, nommé Vasiriki Doumbia. Il avait exercé de longues années les fonctions d'imam à la mosquée d'Abengourou. Son tombeau se présente comme une maisonnette, aux côtés ouverts, abritant un cercueil réalisé en ciment. Sur le dessus du cercueil l'artiste a gravé le dessin du croissant de lune et de l'étoile, symboles courants dans l'iconographie musulmane.

Les musulmans se montrent franchement hostiles à l'égard de ce nouvel art funéraire. Les chrétiens envisagent un tombeau à statutaire pour honorer un personnage qui fut important dans le milieu traditionnel villageois ou familial. Celui-ci a souvent été chef de village, chef d'un lignage dirigeant, chef de canton, notable local. Est ainsi exaltée la réussite d'une vie conforme aux critères de la société traditionnelle.

A la gloire des « illettrés »

Les occupants des monuments sont tous des personnages n'ayant guère fréquenté l'école moderne. Peut-être y a-t-il parmi eux l'un ou l'autre ancien combattant, ayant participé à une guerre mondiale. Manifestement, l'art nouveau est à la gloire des grands personnages du monde traditionnel illettré. Aucun cadre supérieur, aucun commis ou employé de l'administration ou du secteur privé n'a jamais souhaité la construction d'une telle tombe, même s'il se dit attaché aux croyances et au culte des ancêtres.

---

9. Le défunt n'était pas nécessairement chrétien : il peut avoir adopté ce nom pour « faire moderne ».

Pourtant ces lettrés et commis modernes apprécient ces monuments. Ils vont quelquefois chercher le sculpteur pour lui confier l'œuvre. Ils aident également leurs parents restés au village à couvrir les frais. Mais ils font faire ces monuments pour les «villageois», jamais pour eux-mêmes. Les artistes avec lesquels nous nous sommes entretenus reconnaissent que les « commis » préfèrent les carreaux[10] de faïence pour orner leur tombe.

Défunt fortuné, monument de M'Baousséssou.

_____

10. Bene Yao pense que les cadres et commis veulent surtout consommer des produits d'importation.

Place des femmes

L'écrasante majorité des monuments est dédiée à des hommes. Les femmes qui en bénéficient ne représentent que des unités. Les unes étaient aisées et influentes. Parfois, leur fortune personnelle a permis de réaliser l'entreprise.

Monument funéraire dédié à une femme, Marie Adjoua Fra, décédée à Transua.en 2015.

D'autres ont occupé des rôles traditionnels importants et ont exercé une autorité décisive sur leur famille étendue. On trouve ainsi à Hérébo, au cœur du royaume abron, un monument, par ailleurs très sobre, construit pour abriter la tombe de deux reines-mères. Dans une maisonnette soigneusement fermée, les deux défuntes sont assises sur leur siège et deux filles de la famille royale, habillées du kodjo (cache-sexe de fête) se tiennent debout à leurs côtés. Devant la maison funéraire s'élèvent les statues de gardiens et de lions. J'ai demandé à Bene Yao ce qu'il pensait de cette différence de traitement entre les hommes et les femmes. Il m'a répondu :

« L'homme, c'est lui qui fait son champ et gagne de l'argent. Quant à la femme, elle n'a pas un grand champ, donc elle ne peut pas avoir beaucoup d'argent. Si tu vois qu'on a fait le tombeau d'une femme, ce sont ses enfants ou ses petits enfants qui l'ont financé. »

Finalement, les monuments funéraires que présente cet ouvrage parlent de la réussite financière et sociopolitique des défunts concernés. La réussite se définit selon les critères de l'idéologie traditionnelle : nombreuse progéniture, accumulation de richesses, statut sociopolitique éminent au sein du lignage, etc. En ce sens, ces monuments poussent leurs racines jusqu'au plus profond de la culture traditionnelle.

Tombeau accolé à la maison du défunt.
Monument au village de Kékréni.

Tombeau du chef de village de Kékréni.

LE MORT
DANS TOUTE SA SPLENDEUR

Dans la construction funéraire, tout converge vers le mort et tout parle de lui. Les artistes et les commanditaires de ces œuvres aiment reproduire le défunt dans l'une ou l'autre des deux attitudes suivantes.

Le mort couché

Initialement, le personnage est couché sur un lit d'apparat. Il y repose allongé, recouvert de pagnes cérémoniels, ne laissant apparaître que la tête. Cette pratique sculpturale reproduit trait pour trait la position ordinaire du cadavre lors de son exposition publique, au cours de la célébration des funérailles solennelles. C'est le cadavre de la bonne mort[11].

Assez rapidement, une évolution s'est dessinée, liée à l'implantation des tombeaux de la « belle mort » au bord des grands axes routiers. Le cadavre est couché de manière à pouvoir aisément tourner sa tête vers la route et observer le spectacle qui s'y déroule. Son bras droit est dégagé et visible. Il porte en général une belle montre et des bagues. Ce changement de style entraîne également une modification de la symbolique. Ce n'est plus un cadavre exposé, mais une personne qui se repose, les yeux ouverts pour s'intéresser à tout ce qui se passe.

Le réalisme du lit est peu très travaillé dans les monuments anciens. Il s'agit en général d'une élévation en terre, cimentée et carrelée si le lignage du défunt en a les moyens. Cette structure n'est pas sans rappeler les couches anciennes, dans les maisons abron-agni. On se contentait de réaliser une élévation en terre battue, dans un coin

---

11. Par opposition à la « bonne mort », la société agni connaît un certain nombre de « mauvaises morts », telles que les accidentés en brousse, les foudroyés, les noyés. Des défunts apparemment « normaux » sont pourtant déclarés « mauvais », parce qu'ils ont été reconnus coupables de crimes de sorcellerie, parce qu'ils sont les deux premiers défunts d'une lignée issue d'une même femme, etc. Pour plus d'informations, se reporter à mon ouvrage : *Les Agni devant la mort*.

de la chambre à coucher, qu'on badigeonnait d'argile rouge pour la maintenir propre. Le soir, il suffisait d'y étendre une natte et une couverture avant de s'y coucher.

Mort couché avec ange priant, monument d'Agoua.

Mort couché avec pleureuse du monument de Bongouanou-Kangandi.

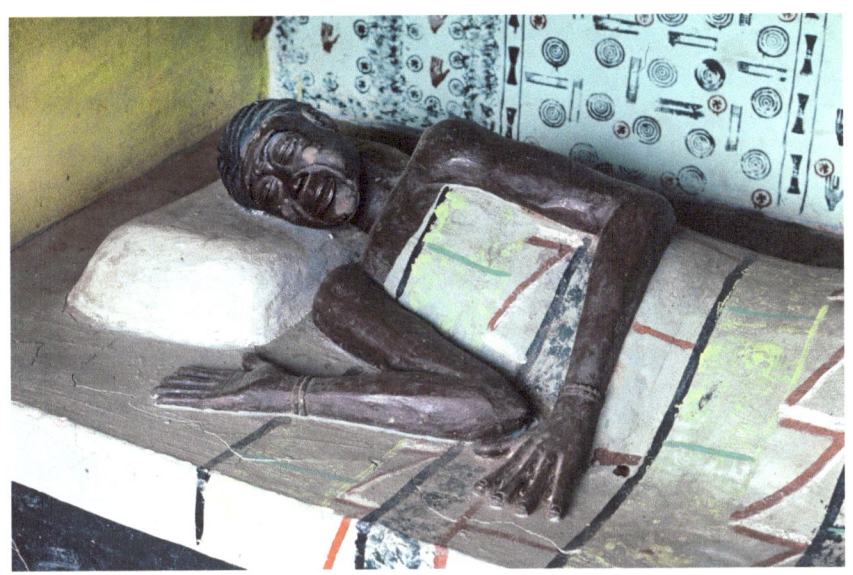

Mort couché, monument situé à Adandia.

Le mort assis

Ailleurs, par exemple à Kékréni, N'Zéré, Djébonoua, on présente des morts assis. C'est là un privilège des chefs coutumiers, qui sont exposés de la sorte pendant la célébration de leurs funérailles.

Pour mieux comprendre cette pratique, il faut se souvenir du statut particulier que la personne occupe tout de suite après son décès, Bien que mort, le défunt est encore un humain et fait toujours partie du village. On a encore prise sur lui à travers le cadavre qu'on apprête et qu'on manipule et pourtant il échappe déjà à la société humaine et possède les compétences des habitants d'outre-tombe. Il se trouve donc dans un état transitoire, dans lequel, tout en étant mort, il garde une vie terrestre rémanente, lui permettant d'entendre et de voir ce qui se passe autour de lui, et de réagir. C'est le mort-vivant, le mort-pas-tout-à-fait-mort.

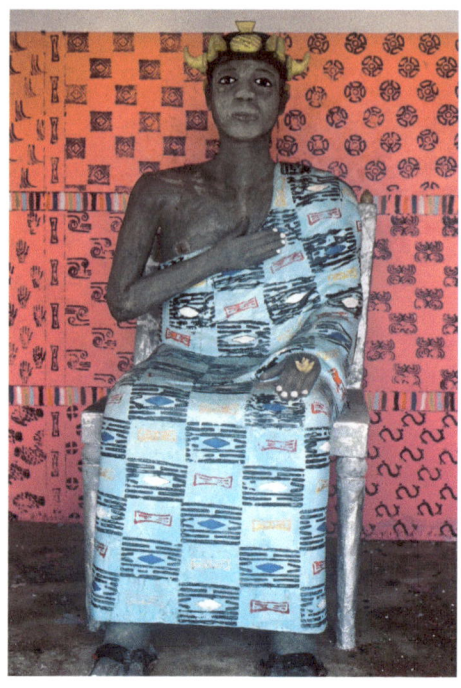

Défunt assis : détail du monument de M'Baousséssou.

Aussi, pour signifier ce statut particulier de la personne, et pour exalter sa beauté, les responsables lignagers décident de l'asseoir sur un siège à dossier, afin qu'il puisse assister à la fête de ses funérailles et jouir pleinement des réjouissances organisées en son honneur. A l'exception de son silence et de son immobilité, rien n'indique alors que la personne est décédée. Paré de ses plus beaux atours et drapé dans des pagnes somptueux, le mort donne toutes les apparences de la vie et de la présidence de ses propres funérailles.

Une autre préoccupation rejoint la précédente : celle de camper le mieux possible le défunt dans une attitude familière et réaliste. Lorsqu'il est couché, c'est évidemment plus difficile. Mais s'il est assis, il devient possible de lui mettre un chapeau melon et de le figurer en train d'allumer sa pipe. Ailleurs, il a le bras levé comme s'il donnait un ordre ou ponctuait une parole importante d'un geste de la main. Les chefs sont souvent campés dans le décorum d'une fête, d'une réunion importante ou d'un jugement, situations qui leur furent familières alors qu'ils exerçaient le pouvoir. La sensibilité et la pratique rituelle des Akan se conjuguent ainsi pour fixer le mort dans une attitude familière et imposer sa présence aux humains.

Représentation d'un défunt assis, saluant le passant. Adandia.

Le beau visage

Pendant les funérailles, le maquillage et la dernière toilette ont pour but de rendre le visage beau et expressif de vie, pour qu'on puisse l'admirer une dernière fois et en garder le souvenir le meilleur. Un regard vide et hagard fait peur aux survivants. Il convient donc de le travailler de façon toute particulière.

L'artiste doit tenir compte de tous ces impératifs. Il sait que la sculpture des têtes du défunt et des personnages de l'entourage décide de la qualité de son œuvre auprès des commanditaires. Les critiques fusent toujours quand les visages ne ressemblent pas à la réalité. Les parents du trépassé fournissent des photos au sculpteur pour que celui-ci sache quels visages il doit réaliser. Or, ces photos sont choisies avec soin et présentent le mort dans les plus belles années de sa maturité. On cherche donc à conserver de lui le souvenir le plus idéalisé, l'expression de la face qui répond au mieux à l'image qu'on se fait de sa personnalité. Réussir à la rendre au plus près est une rude épreuve pour ces sculpteurs.

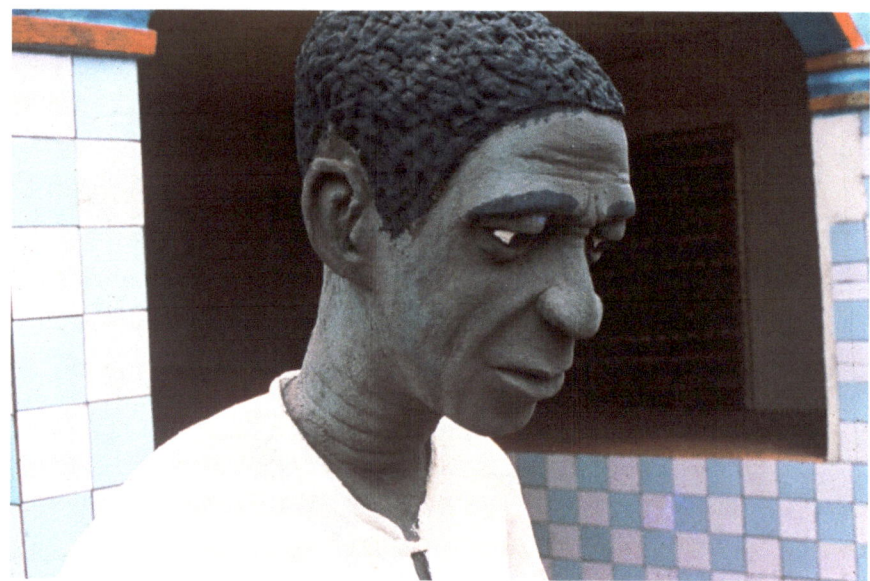

Portrait, monument de Dodassué.

L'art se met ainsi au service d'une préoccupation anthropologique fondamentale : gommer à tout prix le travail de défiguration et de décomposition de la mort sur le visage du disparu. Les intéressés pensent que le visage réalisé en matériaux modernes résistants permet de dénier pour un temps illimité cette dégradation engendrée par la mort.

UN DÉFUNT ENTOURE

Les veuves

Parmi les personnes qui veillent généralement autour de la statue du défunt, il y a tout d'abord sa veuve (ou ses veuves). Elle est assise près du lit, à même le sol, dans la tenue spécifique du veuvage : torse nu, jambes allongées, bandeau de tissu rouge autour du front, mains posées sur les cuisses. Le nombre de veuves figurées ne correspond pas nécessairement à la réalité, mais souligne l'importance du personnage, sa puissance économique et sa nombreuse progéniture. Ainsi, on peut rencontrer jusqu'à quatre veuves dans certains monuments, mais plus couramment ne sont représentées qu'une ou deux. On remarque que, dans les édifices destinés aux femmes, on ne voit pas figurer leur mari.

Défunt assis, entouré de deux femmes en deuil.
Monument d'Apprompronou.

31

La fille, le fils, le petit-fils

Parmi les membres de son lignage, ceux qui apparaissent dans la statuaire funéraire sont finalement peu nombreux : le fils ou la fille, le petit-fils. Dans les rares cas où l'on peut observer une fille à l'intérieur d'un tel édifice, il s'agit en général de la sépulture de sa mère.

Comme la grande majorité des monuments concerne des hommes, la figure du fils est donc plus fréquente. Le fils est sculpté debout près de la dépouille de son père, ou assis sur un tabouret à proximité du lit d'apparat. Pour exprimer sa profonde douleur, il porte ses mains sur son ventre ou pose sa tête dans le creux de sa main, le coude appuyé sur le genou. C'est la posture de l'homme pensif, parce que triste. On comprend aisément la présence du fils aux côtés du mort. Tout d'abord il est le plus atteint et le plus choqué par la disparition de son père. Ensuite, il est le grand responsable de la bonne exécution des funérailles de son géniteur. S'il parvient à leur donner un éclat particulier, le prestige social qui en découle lui revient.

Fils accablés par le chagrin.
Détails des monuments de Dodassué et de M'Baousséssou.

32

Le fils peut être représenté vêtu d'un complet de type occidental, trônant dans un fauteuil à côté de son père. Ainsi est justifié que le défunt était le père d'un haut fonctionnaire de l'État. A N'Zéré, c'est le Président Houphouët-Boigny qui siège aux côtés de Dua Kwabenan, chef de province abron. Ainsi est signifié que Dua Kwabenan était l'ami personnel du Président de la République et comptait parmi ses premiers compagnons de lutte contre le régime colonial. Le monument funéraire les immortalise ensemble et le prestige rejaillit désormais sur le lignage du défunt.

Monument de Dodassué : mort couché, fils et veuves.

La présence d'un petit-fils dans l'iconographie funéraire n'a été observée qu'une seule fois. La génération alternée (celle des petits-enfants) n'est pas concernée par le deuil comme les autres. Ses membres portent des bandeaux blancs au front et au poignet, se maquillent avec du kaolin et se revêtent d'habits de fête. Ils ont le privilège d'agir au nom du mort, de reproduire ses comportements (surtout ses travers), de faire rire et de fêter, pendant que les autres jeûnent et pleurent. Ils sont déjà, d'une certaine manière, la réincarnation de la force vitale du défunt et la pérennité de sa personne et de son œuvre. L'iconographie funéraire ne s'intéresse donc guère à eux.

Les deuilleurs

La tradition akan ne connaît pas de pleureuses professionnelles. Deuilleurs et pleureuses sont constitués par les enfants, et par les frères et sœurs du disparu. Les liens de parenté et d'alliance qui les unissent au défunt font que le malheur les atteint profondément. Ils deviennent des cadavres symboliques. « Ils sont dans le froid », dit-on. Ils sont, par conséquent, isolés des autres villageois jusqu'au moment où les rites funéraires les auront soustraits à l'influence de la mort, et ramenés à une vie sociale normale.

Deux anges pleureurs.
Détails d'un monument de Kékréni.

L'iconographie les campe dans deux attitudes distinctes. La première consiste à les représenter en train de pleurer à la mode rituelle des funérailles : les femmes joignant leurs mains sur le sommet de la tête, les hommes se cachant le visage dans leurs mains, car l'homme ne pleure que furtivement en public. Pour évoquer son chagrin, il pose un doigt sous son œil droit comme pour dire : «As-tu vu le malheur qui m'a atteint ?» Ou bien, il joint ses deux mains sur son ventre, comme s'il venait d'encaisser un coup sévère et douloureux qui le fait beaucoup souffrir. Une fois l'inhumation achevée, les villageois rasent le crâne des deuilleurs ; c'est le signe social du deuil.

La seconde attitude évoque la consolation. Les personnages posent alors la main gauche sur le ventre, mais relèvent le bras droit en pointant un doigt vers le ciel, comme s'ils faisaient appel à Dieu contre l'absurdité et l'arbitraire du malheur qui les a frappés. Derrière ces figures se profilent tous les discours de consolation qui s'échangent pendant la célébration des funérailles solennelles.

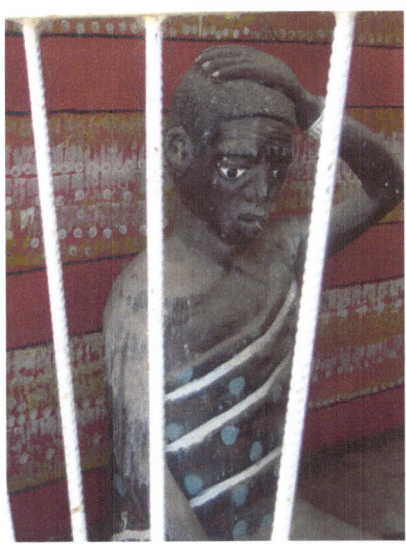

Homme manifestant son chagrin.
Détail d'un monument de Kékréni.

Dignitaires et serviteurs

Dès que l'iconographie du monument s'étoffe, de nombreux dignitaires et serviteurs apparaissent autour du personnage du défunt. Les notables y sont les plus fréquents, peut-être parce que les lignages des chefs coutumiers ont plus de moyens financiers que d'autres et peuvent ainsi doter leur mort d'un entourage funéraire important.

Les porte-canne, ayant pour fonction de parler au nom du chef lors des cérémonies officielles, viennent en tête. Ils tiennent dans la main droite une canne dont l'extrémité supérieure sculptée représente un proverbe lié à l'exercice du pouvoir. Tantôt c'est un ananas, indiquant que le pouvoir ne finira pas entre les mains de son détenteur, de même que le jus ne finit pas dans le fruit. Tantôt c'est un oiseau mythique, à long cou, pouvant tourner sa tête dans toutes les directions et capable de voir notamment ce qui se passe derrière lui. A son instar, le chef arrange tout, il embrasse tout et connaît tout.

Défunt assisté d'un dignitaire qui tient une canne surmontée d'un ananas.
Détail d'un monument de Kékréni.

A côté des porte-parole, les artistes sculptent également des porte-sabre. Dans l'exercice ordinaire du pouvoir, ceux-ci sont les envoyés du chef auprès des notables du village ou auprès de ses pairs habitant ailleurs. Ils tiennent une queue d'éléphant, ou bien un sabre à large lame ajourée et à paume sculptée recouverte de feuilles d'or. Ce sabre d'apparat n'a d'autre fonction que d'indiquer la qualité spécifique de son porteur. On symbolise ainsi que le défunt était chef.

Si l'esplanade est peu développée, un joueur de tambour peut se dresser dans la chambre mortuaire. Car, un chef sans joueur de tambour pour animer les fêtes religieuses ou pour jouer les proverbes en l'honneur du pouvoir n'est qu'un piètre personnage. Un riche finance des danses et des réjouissances pour asseoir le prestige de son rang. La présence de joueurs de tambour est indispensable à la pleine valorisation du statut de ces personnages.

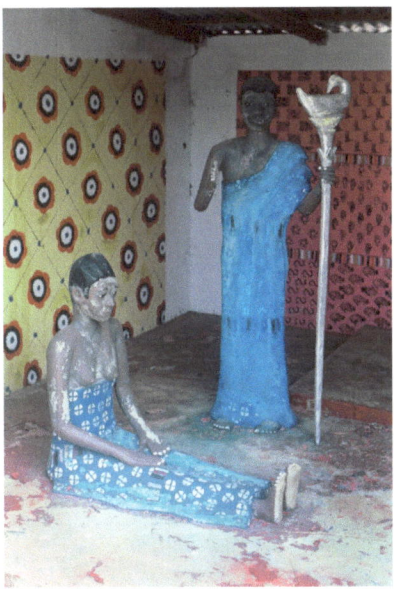

Dignitaire portant une canne surmontée d'un oiseau mythique. Veuve assise.
Détail d'un monument de Molonou.

Joueur du grand tambour.
Monument de Dodassué.

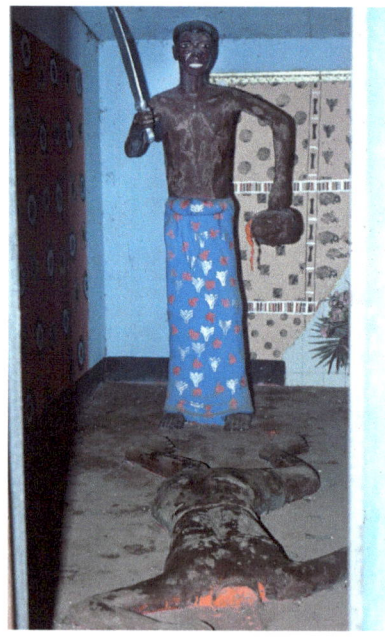

Bourreau tenant en main la tête de la victime décapitée.

D'autres serviteurs peuvent apparaître occasionnellement dans l'iconographie du monument. Des jeunes gens assurent quelquefois la fonction de chasse-mouche autour du défunt. Ailleurs, un jeune homme allume la pipe que le mort fume, assis sur son siège d'apparat. Dans deux cas, lorsqu'il s'agit de chefs de province aux pouvoirs traditionnels étendus, un bourreau exécute une victime humaine sous le regard attentif du mort. Le réalisme de la scène impressionne le visiteur. Le bourreau, torse nu et pieds nus, tient dans la main droite le sabre des exécutions et dans la main gauche la tête de sa victime, toute ruisselante de sang. Le corps du supplicié gît à ses pieds, ou à quelque distance du bourreau dans une autre partie du monument, si la symétrie d'ensemble de l'œuvre l'exige.

Scène de décapitation d'une victime.
Monument de Djébonoua.

Personnages religieux

L'appartenance du mort à la religion chrétienne a fait entrer dans le corps de l'édifice funéraire des personnages nouveaux, caractérisés par la vision de la mort par l'Église catholique. Les plus importants sont manifestement les anges, généralement figurés par couples sexués mâle-femelle. Bene Yao s'en explique ainsi :

« Les anges, nous savons très bien qu'ils sont des gens qui prient tout le temps pour les hommes sans distinction. Que tu sois musulman, ou chrétien, tout homme adore Dieu. Donc il faut mettre l'ange là pour qu'il prie aussi pour le mort. Tu vois cette image[12] . On est en train de baptiser quelqu'un et Satan est venu là, et l'ange l'a chassé, il faut donc que l'ange vienne prier pour le mort. »

Ange polychrome en prière.
Monument d'Abongoua.

_____

12. C'est une image imprimée, de style sulpicien, que Bene Yao a fait mettre sous verre et qu'il a accrochée dans son salon. Elle représente un homme en agonie, dans un décor du 19ème siècle. Le moribond est entouré des siens, mais aussi d'une foule de diables. Les anges viennent pour chasser ces derniers et recueillir l'âme du mourant.

Le corps des anges, surtout s'ils sont féminins, est très souvent modelé à partir de l'image qu'offrent les religieuses catholiques. Le teint de leur visage est blanc ou rose pâle. Si les anges ne portent pas de voile, leurs cheveux tombent sur leurs épaules. Leur robe, très longue dans les monuments plus anciens, s'est raccourcie pour s'arrêter au-dessus du genou. Ils portent fréquemment la croix sur la poitrine et tiennent un livre de prière à la main. Le sculpteur s'est manifestement inspiré des modèles que lui fournissent les milieux missionnaires européens. Dans le cas des anges, il s'est contenté de mettre des ailes dans le dos des « Sœurs » ! Dans les monuments plus récents, ils se sont même mis au goût du jour en adoptant le rouge à lèvres et le vernis à ongles.

Ange priant pour le mort.
Tombeau d'Agoua.

Certains commanditaires ont préféré dresser un prêtre catholique à côté du défunt ou près de son cercueil. C'est un personnage de morphologie européenne et toujours bien typé : il est habillé d'une soutane blanche ou de vêtements liturgiques et tient un rituel en main. Il porte fréquemment la barbe, à l'image des premiers missionnaires.

La partie principale de l'iconographie funéraire, celle qui se développe à l'intérieur de la chambre mortuaire, constitue un langage s'adressant à deux destinataires différents. L'iconographie parle d'abord aux vivants. Elle restitue le beau visage du mort. La composition, soigneusement étudiée, de l'entourage qu'on lui a créé évoque son statut social, sa richesse et son prestige.

Prêtre bénissant un cercueil.
Monument d'Abongoua.

Mais la même réalisation permet aussi aux survivants d'adresser un message à leur défunt. Le monument constitue alors un discours permanent destiné à le contenter. Plus on a investi en argent, plus on l'a entouré de dignitaires et de serviteurs, plus on l'a gratifié d'intercesseurs puissants, plus le mort est satisfait des siens et se montrera enclin à les bénir et à les soutenir. Car les siens sont persuadés que leur parent demeure, dans l'au-delà, la principale source de leur réussite et de leur prospérité terrestre.

Prêtre en prière d'intercession.
Monument d'Adibrobo-N'Dakro.

Ange en prière.
Détail du monument de M'Baousséssou.

Prêtre bénissant une tombe.
Monument de Kékréni.

L'APPORT DES FRESQUES

Les artistes ont décoré l'intérieur de certains monuments funéraires. Les fresques ne recouvrent en général qu'un seul mur et représentent des scènes symboliques ou des pagnes.

Les scènes symboliques

Sur l'une des fresques, un lion se tient au pied d'un rônier, une antilope boit à une rivière bordée d'arbres pendant qu'un homme se noie. L'accident constitue d'ailleurs l'élément central du tableau.

Pour cette fresque, Bene Yao m'expliquait :

« Ici (dans notre région), c'est la forêt. L'homme est un pêcheur ; il aimait beaucoup la pêche. A force de s'approcher de l'eau, il y est tombé et s'est noyé. C'est un proverbe : mon papa est mort trop tôt. »

En réalité, le défunt ne s'était pas noyé. Mais les siens avaient trouvé que sa disparition était survenue trop tôt, à un âge où il aurait encore pu travailler et rendre service à sa famille. L'image de la noyade évoquait ainsi, avec un certain bonheur, les sentiments qui animaient la famille endeuillée au moment de cette mort jugée trop précoce.

Paysage bucolique. Monument de Bakontié.

Les paysages bucoliques et familiers, les panoramas de fertilité et de tranquillité sont par ailleurs destinés à contenter le disparu et à lui assurer le repos.

Enfin, certaines peintures sont réalisées pour le seul plaisir de l'artiste ou parce qu'elles « plaisent » aux commanditaires de l'œuvre. L'artiste dessine alors pour faire étalage de son art et de ses compétences. Il en va ainsi de la scène biblique du paradis terrestre, dans laquelle Ève présente un fruit à Adam, sous l'arbre de la connaissance du bien et du mal. Le tableau biblique du péché d'Adam et d'Ève, n'a visiblement ni enracinement dans la culture traditionnelle, ni relation avec une quelconque situation de la vie du mort. L'artiste appose ainsi sa griffe personnelle sur son œuvre afin d'attirer l'attention d'éventuels clients.

Scène biblique : Adam et Eve partageant le fruit interdit.
Fresque du monument de M'Baousséssou.

Le défunt, chef de village avec des notables.
Monument d'Afféry.

La reproduction des pagnes

Pendant les funérailles, le cadavre est exposé dans le « fa ». C'est dans cet espace couvert, mais ouvert sur la cour intérieure, que les hommes se réunissent, se protègent du soleil, mangent, discutent les affaires familiales. Lors des rites funéraires, les murs du « fa » sont toujours ornés de pagnes de grande valeur, de même que le lit dressé à cet endroit pour y coucher le cadavre. Ces tissus ont été pour la plupart acquis au Ghana. D'autres proviennent du commerce avec les Européens, au temps où le négoce avec eux était florissant à Cape-Coast (Ghana), à Aboisso (Côte-d'Ivoire). Pagnes et couvertures sont suspendus aux trois murs du « fa » pour honorer le cadavre qui y est exposé.

Le pagne « adingra » vient en tête des représentations. Il constitue l'habit cérémoniel usuel, dans lequel se drapent les anciens. Il est caractérisé par la diversité des motifs qui y sont imprimés au pochoir : étoiles, sièges, bois, branches avec feuille verte et feuille sèche, etc. D'autres défunts sont habillés d'un pagne « keta ». Celui-ci est constitué de longues bandes de motifs multicolores (rouge-jaune-orange), tissées puis cousues les unes aux autres. C'était le pagne festif des souverains. Un troisième pagne de prestige se nomme «baoulé», du nom de sa région d'origine. Il est également tissé de longues bandes de coton, d'une quinzaine de centimètres de large dominées par la couleur indigo.

Reproduction d'un pagne cérémoniel.
Un monument d'Adandia.

Une dernière série de pagnes reproduits sur les murs, renvoie à un ensemble de tissus imprimés plus récents. Certains de ces produits sont devenus des symboles de richesse. Ainsi, les tissus de couleurs rouge et noire sont très prisés lors des funérailles.

La technique de réalisation de ces pagnes muraux est assez simple. L'artiste passe une première couche de peinture qui sert de fond.

Il y imprime ensuite les divers motifs en se servant de tampons en caoutchouc, portant en relief les éléments décoratifs nécessaires à chaque tissu. Le raffinement de l'art consiste à préparer le mélange des peintures de manière à obtenir le plus grand réalisme possible.

Béné Yao se contentait de dessiner des pagnes. Il ne se sentait pas compétent pour exécuter les fresques murales, comme savait le faire son maître Koffi Mouroufié.

Le dessin des pagnes doit plaire au mort et lui procurer joie et satisfaction, Les vivants l'invitent ainsi à leur demeurer toujours favorable.

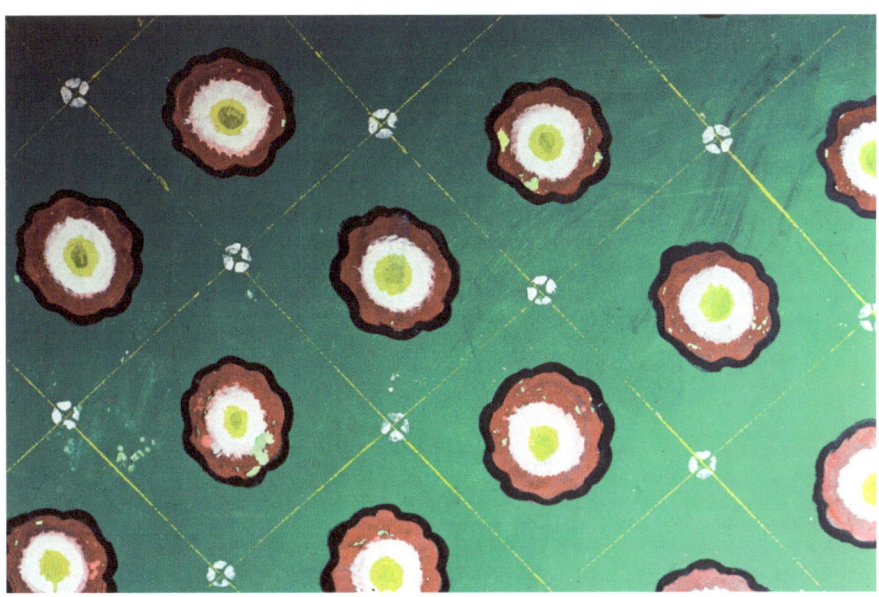

Fresque décorative.
Un monument d'Adandia.

Décoration murale s'inspirant de tissus peints.
Un monument d'Adandia.

Présentation d'un vrai pagne tissé, décorant l'endroit où est exposée la
dépouille mortelle (village de Tienkoikro).

LE SEUIL
Endroit crucial

La symbolique du seuil

Dans la tradition akan, le seuil est un espace très important, qu'il s'agisse du seuil d'une maison, d'une chambre, d'un monument funéraire, de l'entrée d'un lieu sacré ou d'une plantation. Il est protégé par une divinité, dont la présence est matérialisée par un objet suspendu au-dessus de la porte d'entrée ou enterré à cet endroit. La puissance tutélaire empêche, en effet, celui qui serait animé de desseins pervers de franchir le seuil de la maison ; elle brouille sa pensée, ou le pousse à s'en retourner. Les mauvais sorts, jetés à distance, n'ont pas non plus le pouvoir de forcer ce barrage. Les « sorciers » et les esprits mauvais sont donc démasqués et neutralisés par la force protectrice. Entourés de cette palissade invisible, les habitants du lieu sont en sécurité. L'iconographie funéraire reprend à sa manière ces diverses préoccupations et protections.

Personnage prenant le ciel à témoin.
Monument de Dadiassé.

51

L'espace du seuil n'est pas forcément travaillé dans tous les monuments. Mais lorsque les moyens financiers des commanditaires le permettent, l'artiste sculpte des hauts-reliefs sur la façade, ou meuble l'entrée du tombeau d'un ensemble de statues hautement évocatrices.

Personnages et symboles

Tout défunt est roi, proclame la tradition. Comme le roi provoque respect et crainte chez ses sujets, le mort inspire la crainte même à ses familiers. La famille ne peut approcher son parent décédé et commercer avec lui qu'en respectant un ensemble de précautions et d'interdits, symbolisant le statut nouveau de leurs rapports mutuels.

Tirailleur gardant l'entrée du tombeau.
Un monument d'Adandia.

L'artiste cherche à traduire ces données en plaçant sur le seuil de l'édifice des personnages destinés à inspirer la crainte à ceux qui veulent s'approcher du mort. A l'aube de l'indépendance nationale, dans les années 1960, c'est la réplique du soldat de l'armée coloniale française qui force le respect. Avec le temps, il cède la place au policier ivoirien, en uniforme impeccable, le pistolet pointé vers le visiteur.

Policier ivoirien gardant l'entrée du tombeau.
Un monument d'Ananguié.

Un fauve, le lion par exemple, est un excellent gardien. L'artiste a peint de rouge ses crocs, sa gueule et sa poitrine, comme si le carnassier venait de déchiqueter une proie. Gare à l'intrus qui oserait violer l'espace de la tombe !

Le chat, animal qui n'apparaît que dans le seul monument de N'Dakro[13], est associé à la symbolique du lion et de la panthère. Les contes précisent que c'est le chat qui a appris à la panthère à chasser.

13. Sous-préfecture de Tankessé.

Il est donc plus redoutable que son élève. En effet, la panthère s'est retournée, un jour, contre son maître pour le dévorer. Mais le chat a esquivé l'agression et a préféré se séparer de son amie de la forêt pour demeurer définitivement au village. Malgré son air domestique, il est un redoutable gardien.

Le policier garde l'entrée du tombeau.
Un monument d'Abongoua.

Le sabre, insigne royal, inspire la crainte au seuil du tombeau.
Monument de Dodassué.

Le seuil, espace de la douleur, de la consolation, du commerce avec le mort

Le chagrin est symbolisé par des pleureuses. Des femmes ou des anges féminins joignent les mains sur la tête, dans l'attitude rituelle des pleurs. La mort est cruelle. Franchir le seuil du monument funéraire, c'est réveiller la douleur. J'ai observé, dans certains cas, que les parents qui m'accompagnaient pour visiter la tombe du défunt se mettaient à pleurer, à l'approche de la sépulture, comme au jour des funérailles. Les figures dressées à cet endroit suscitent donc la permanence de la douleur que provoque la mort.

Aux expressions rituelles de la douleur répond la parole de consolation. L'artiste s'en est souvenu et a meublé l'espace du seuil par des personnages, masculins et féminins, souvent ailés. Ces envoyés divins qui lèvent souvent la main droite, pointant le doigt vers le ciel, et prennent Dieu à témoin. C'est à Lui qu'il faut s'en remettre pour surmonter la souffrance et pour retrouver confiance en la vie.

Une pleureuse.
Monument de Koliakro.

Enfin, sur le seuil du tombeau se tiennent parfois des priants. Il s'agit très explicitement du missionnaire catholique, revêtu d'une soutane, portant la barbe et joignant les mains comme s'il était en prière. Ailleurs, les commanditaires ont opté pour l'évocation d'une religieuse, portant le voile. Ses mains sont jointes ou tiennent un livre de prière. L'espace du seuil devient ainsi l'espace de la prière autant que celui de la consolation.

Pour les villageois, le seuil de l'édifice funéraire ouvre sur l'espace de la mort ; espace redouté et craint ; espace qui ravive perpétuellement la douleur de la séparation que le trépas a provoquée et qui appelle sans cesse la parole de consolation appropriée ; espace, enfin, du commerce avec le défunt par le moyen de la prière et des orants placés là. Mais le mort, lui aussi, est intéressé par cet espace. Lorsqu'il voit la douleur que son absence provoque, lorsqu'il comprend qu'il est craint et respecté par les vivants, et qu'on prie pour lui, il se sent honoré et il peut alors se montrer tutélaire à l'égard des vivants.

LE FRONTON
Le seuil du haut

De son vivant, tout homme soigne jalousement sa figure. Avoir de la renommée, être respecté, occuper une place honorable, c'est avant tout avoir un front haut et fier. Au contraire, humilier quelqu'un, traîner sa réputation dans la boue, c'est « verser sa figure par terre », selon la traduction littérale. Toutes proportions gardées, le monument funéraire participe de cette logique sociale, spécialement par la beauté et le travail artistique du fronton.

Le nom du défunt

Le nom remplit d'abord une fonction de différenciation et d'identification, mais il désigne surtout la place à occuper dans le monde. Le nom ouvre un parcours et projette le nouveau-né dans une destinée particulière, l'invitant à marcher dans les pas d'un illustre ancêtre dont on aimerait voir la réussite et la fécondité se reproduire dans la vie du petit.

Le fronton affiche le nom du mort. Il est surmonté d'un ange prenant le ciel à témoin. Monument de Fissa.

57

Sur le monument funéraire est inscrit le nom du mort qui y repose, soit avec de la peinture soit en haut-relief dans le ciment du fronton. La famille cherche ainsi à élever ce nom, à le glorifier et à l'immortaliser. Sur le fronton du monument, le nom est le symbole d'un parcours terrestre réussi, de vie féconde, d'acquisition de richesses, et de pouvoir, Le pari qu'il représentait à l'aube de la vie a été tenu : l'homme qui a porté ce nom l'a honoré et s'est imposé de la sorte comme un « saint » du monde lignager traditionnel.

Fronton à symbolique traditionnelle : siège, lions, palmier rônier...
Un monument de Kékréni.

Le fronton à symbolique traditionnelle

Cet ensemble sculptural se caractérise par son élément central : le tabouret akan. Ce siège manifeste d'abord que les vivants ont fait le nécessaire pour que le défunt puisse « s'asseoir » dignement dans l'au-delà, aux côtés de ses ancêtres.

Mais, le tabouret est l'emblème même du pouvoir, voire son autel. Personne ne s'avise de s'amuser avec le siège habituel du chef de famille ou de concession. S'y asseoir signifie qu'on souhaite la disparition rapide de son propriétaire, qu'on veut occuper sa place, accaparer son pouvoir et exercer ses rôles et son influence.

Fronton surmonté d'un personnage féminin entouré d'anges lui offrant des calices. Monument d'Afféry.

Fronton à symbolique traditionnelle :
siège, lions, éléphant, palmier rônier, anges.
Monument d'Amiaokro.

Quand le tabouret est emblème du chef, il symbolise la plénitude de la paternité et de la puissance vitale. Il rappelle le rôle protecteur et sécurisant du père. Celui-ci est, en effet, tenu d'assurer la subsistance matérielle et surnaturelle des siens, leur confort physique, moral et invisible, leur tranquillité et leur épanouissement. Or les morts du lignage sont les détenteurs éminents de ces biens. Le tabouret qui trône au-dessus du monument funéraire le symbolise clairement.

Dans le monument funéraire, ce siège n'apparaît pas seul. Il est surmonté à un premier niveau d'un palmier ou d'un ananas, puis d'un sabre d'apparat, appelé « koto ». Un lion se dresse sur ses pattes antérieures de chaque côté sur les bords du tabouret. Quelques rares fois, un éléphant, en miniature, se tient debout sur le siège, surmonté à son tour d'un palmier.

La présence du sabre renvoie à la qualité du mort : il était chef. Toute personne qui voyait ce sabre entre ses mains avait peur de lui. Quant au palmier et à l'ananas, dominant le tabouret ou sculptés sur les cannes des dignitaires, ils évoquent la pérennité. Chacun possède, en effet, une sève très abondante ; son jus ne finit pas ! Palmier et ananas sont donc devenus symboles d'un pouvoir qui ne peut échapper à son détenteur.

Motifs d'inspiration chrétienne

Les frontons à symbolique traditionnelle sont peu nombreux en définitive. Plus fréquemment, la composition sculpturale du fronton se structure autour d'éléments chrétiens : Jésus, Marie et les anges.

Le personnage de Jésus, lorsqu'il est présent, est toujours de morphologie européenne : teint pâle, barbe, cheveux abondants et retombant sur les épaules, longue robe à la manière des soutanes, etc. Il se tient debout, les bras en croix ou levés vers le ciel. Des anges volent vers lui et lui posent, dans chaque main, une coupe remplie d'eau. L'ensemble forme un tableau très harmonieux et relève d'une véritable prouesse technologique, si l'on se souvient que tout est réalisé en ciment armé. Ailleurs, Jésus étend les bras en avant, comme s'il bénissait une foule.

Fronton surmonté d'un Christ recevant des calices apportés par des anges.
Monument de Dodassué.

Marie, comme son fils, relève d'une morphologie très occidentale. Le réalisme de la poitrine, du corsage et de la robe, ainsi que la présence éventuelle d'un chapelet noué autour de la taille, constituent les principaux éléments distinctifs. Marie est généralement représentée en attitude de prière. C'est la Vierge Marie qui intercède auprès de Dieu, c'est elle qui reçoit du ciel ce qui est nécessaire à la survie du mort.

Les anges sont fréquemment présents sur les frontons. Ces êtres célestes, juchés au milieu du fronton, versent de l'eau comme s'il s'agissait d'une cérémonie de baptême. Ou bien, ils tiennent une bougie. Ils apportent souvent une coupe. Les anges ont pour fonction principale de faire le lien entre ciel et terre. Ils tendent au Christ et à sa mère les secours dont le mort a grand besoin. Ils se tiennent sur le seuil entre l'ici-bas et l'au-delà, le ciel et la terre.

Nous remarquons que pour les commanditaires des monuments, la survie se conçoit encore sur le modèle traditionnel d'un « voyage », d'une longue route, qui mène vers le séjour des ancêtres. Désormais, la cohorte des êtres qui l'aident à parvenir au terme s'est enrichie. Le défunt peut aussi compter sur Jésus, sur Marie et sur les anges. Ces êtres célestes lui feront traverser sans mal les difficultés qui parsèment le chemin qui mène au paradis des ancêtres.

Fronton surmonté d'un sabre royal traditionnel.
Un monument d'Adandia.

Nous remarquons également que ces personnages célestes sont de facture très stéréotypée. Au niveau esthétique, le caractère importé des œuvres qui peuplent les frontons s'oppose au réalisme akan des statues de la chambre mortuaire, de l'esplanade ou du bestiaire. Autant les portraits, les attitudes et les détails vestimentaires du mort et de son entourage tendent à saisir les nuances de la vie quotidienne, autant les êtres célestes sont empruntés d'un autre univers culturel. L'intégration locale de ces réalités importées est trop récente pour pousser les artistes à les sculpter d'après des critères vraiment locaux.

Fronton surmonté d'un Christ recevant des calices apportés par des anges.
Monument d'Adibrobo-N'Dakro.

Calvaire et joueur de cloche chevauchant un lion.
Éléments de deux monuments de Kékréni.

L'ESPLANADE
à la gloire de la réussite sociale

Le nombre croissant des statues et des motifs symboliques a poussé les commanditaires et les artistes à construire devant l'édifice une l'esplanade pour accueillir les sculptures qui auraient encombré l'intérieur du monument.

Diversité des statues et des motifs symboliques

A première vue, l'esplanade reçoit une grande variété de statues et de symboles. On y trouve, pêle-mêle, des policiers, des joueurs de tambours, toute une gamme d'animaux, voire un calvaire chrétien, avec des priants et des anges. Une tentative de classification est néanmoins possible.

Esplanade du monument de Fissa.

En bonne place figure une cohorte de gardiens. Lions et policiers sont placés en avant de l'esplanade, vers les angles.

Des joueurs de tambour occupent très fréquemment la place centrale de l'esplanade. Les commanditaires n'ont pas toujours eu les moyens de faire sculpter un orchestre complet. Parfois un seul batteur fait résonner le tambour suspendu à son épaule. Ailleurs, le joueur frappe des tambours jumelés, appelés aussi tambours-parleurs. Dans le cas de la sépulture de personnages princiers ou de chefs de province, apparaît le grand tambour royal, insigne du pouvoir suprême. L'orchestre complet réunit alors jusqu'à cinq ou six figures.

Esplanade du monument de Djébonoua.

Les tambours possèdent une dimension symbolique très riche. Ils ont une âme et les messages qu'ils délivrent proviennent des profondeurs souterraines où vivent les ancêtres. Les tambours font résonner la voix des morts. Les tambourinaires sont donc des personnages choyés par les maîtres politiques, qui retirent légitimité, honneur et prestige grâce au langage tambouriné.

Le réalisme des détails renseigne le visiteur sur l'importance de l'occupant du tombeau. A N'Zéré[14] , par exemple, des mâchoires humaines sont accrochées au grand tambour royal. L'artiste signifiait ainsi que le possesseur de cet instrument était un chef très puissant, au point de pouvoir orner son tambour des mâchoires des ennemis vaincus. Ailleurs, les tambours jumelés sont appuyés contre un homme accroupi. L'évocation est claire : celui qui pouvait réduire un homme à caler les instruments exerçait un pouvoir de commandement fort et indiscuté. C'est comme si les tambours ne cessaient de proclamer la puissance et la gloire du disparu.

Détails de l'esplanade de Fissa.

---

14. Sous-préfecture de Bondoukou.

Parmi les figures mises au service de cette démonstration de force et de prestige, viennent l'éléphant, le lion et la panthère. Traditionnellement, la queue de l'éléphant ainsi que les défenses d'ivoire revenaient au souverain. L'oreille de l'éléphant servait de tapis d'apparat aux personnages.

Sur l'esplanade peut être évoquée l'origine de la richesse du défunt. A côté d'un cacaoyer dressé au centre de l'esplanade, un manœuvre se tient prêt à couper les cabosses mûres. Le défunt était simple planteur. Mais il avait créé des champs de cacao et avait réussi à s'enrichir. A sa mort, la famille a décidé que cet argent devait servir à sa gloire, en représentant cette scène de cueillette de cacao.

Dans la région de Vavoua[15] , la famille d'un riche éleveur a décidé de faire ériger un monument à la mémoire de son défunt méritant. Sur l'esplanade, un homme tient un bœuf par les cornes et un autre le retient par une patte. A Goli, tout près de Bondoukou, le monument érigé à la mémoire d'un forgeron, met en scène deux hommes, accroupis devant leur outil de travail : l'un active un soufflet, l'autre bat le fer.

Le bestiaire

Certaines espèces animales sont sculptées plus rarement dans l'iconographie funéraire.

Le chien, que Béné Yao aime beaucoup, mais qu'il sculpte peu, apparaît comme gardien du tombeau. Le chien est un compagnon précieux, qui signale à son maître l'approche d'un danger. Pourquoi ne tiendrait-il pas le même rôle sur l'esplanade d'un monument funéraire ?

Le chat est un félin rusé, plus malin même que la panthère, comme l'indique le proverbe. Mais il est aussi un compagnon fidèle pour l'homme, poussant la familiarité jusqu'à s'asseoir sur ses genoux.

---

15. Préfecture de Daloa.

L'intimité entre le chat et l'homme est si grande qu'un chat ne peut être vendu, par exemple. Assis sur l'esplanade d'un monument funéraire, le chat s'emploie à remplir son double rôle de gardien des lieux et d'ami intime du défunt qui repose à cet endroit.

Le bélier peut apparaître aussi, parfois dans la légion des gardiens ou éventuellement dans le groupe plus restreint des familiers et des intimes de l'homme. Il indique que le défunt a eu une descendance masculine particulièrement fournie. En outre, cet animal est auréolé d'un prestige nouveau depuis qu'il est devenu l'emblème particulier du chef de l'État ivoirien, le Président Houphouët-Boigny. Dans la langue agni-baoulé, « Boigny » signifie, en effet, bélier.

Python attaché, détails de l'esplanade d'un monument d'Adandia.

Lion et bélier sur l'esplanade d'un monument d'Adandia.

L'esplanade, une extension de la chambre funéraire

L'esplanade ne jouit donc pas d'un statut artistique autonome. Elle est une expansion de certaines données déjà présentes dans la chambre mortuaire.

L'apparition ou la disparition de l'esplanade ne relève pas de préoccupations artistiques. Elle est fonction des moyens financiers des commanditaires. Si ces derniers ne souhaitent faire sculpter qu'un ensemble réduit de statues, celles-ci trouveront leur place à l'intérieur de l'édifice et l'esplanade devient superflue. Si, par contre, leurs moyens sont importants, et qu'ils désirent l'érection d'une statuaire fournie, les commanditaires se trouvent devant deux possibilités : ou bien, ils font ériger un monument-habitacle aux dimensions telles qu'il puisse contenir toutes les statues, ou bien, ils lui gardent la taille réduite d'une chambre et reportent à l'extérieur les œuvres que cette pièce ne peut contenir. L'esplanade n'apparaît donc que pour prolonger la chambre funéraire.

Grand tambour du monument d'Abongoua.

S'il y a des esplanades très sobres, centrées autour d'un animal comme le chien, le chat ou le python et flanquées de deux policiers, il en existe d'autres organisées autour d'un tableau plus fourni, comme la cueillette du cacao, une scène de danse, un orchestre de tambours, un sacrifice humain. Quoi qu'il en soit, l'esplanade est avant tout le lieu où s'exprime la réussite sociale du mort et son pouvoir par-delà la mort.

CONCLUSION

En créant cet art populaire nouveau, les artistes ont voulu mettre des matériaux modernes et résistants au service du projet culturel et social de pérennité de la mémoire des défunts importants d'une famille. Par l'édification de tels « tombeaux », les riches ont voulu défier le temps et sauver de l'oubli la mémoire glorieuse du défunt.

Monument dégradé situé à la sortie de Transua.

En réalité, ce pari semble difficile à tenir. Bien des édifices funéraires sont déjà fortement endommagés, alors qu'ils n'ont pas trente ans d'existence ! Un récent séjour dans le centre-est du pays, en janvier 2016, nous a permis de constater l'ampleur du délabrement de certains édifices. Les statues de l'esplanade et du fronton, les plus exposées aux intempéries, s'écroulent les premières. A cela s'ajoutent les dégâts importants causés par les animaux domestiques qui squattent les lieux pour se mettre à l'abri et quelques actes de vandalisme. Il faut reconnaître, en outre, que certains commanditaires avaient lésiné sur la qualité et la quantité des matériaux nécessaires à la construction. Ils ont ainsi hypothéqué la durée de vie des monuments. Enfin par manque de ressources financières, dû à la paupérisation des populations ces dernières années, les propriétaires ont négligé l'entretien régulier des « tombeaux », permettant ainsi à la végétation ambiante de se réapproprier les lieux.

Personnage abîmé aux bras. Peinture dégradée.
Un monument à Kékréni.

Malgré ces limites, l'art populaire des tombeaux à statuaire ne semble pas en voie de disparition. En janvier 2016, nous avons pu observer à la sortie de Transua, au bord de la route menant vers Assuéfry, un monument érigé à la mémoire d'une femme, Marie Adjoua FRA, et daté de 2015. Preuve que cet art, apparu dans la région il y a 50 ans, continue de séduire des responsables de famille.

Ce que nous venons de décrire pour la Côte d'Ivoire se retrouve ailleurs en Afrique. Le Nigeria est connu pour ses tombeaux à iconographie. Dans le cadre du festival d'Avignon de 1986, une exposition présentait des photos d'un échantillonnage représentatif de la sculpture en ciment qui s'est développée dans ce pays. On pourrait en dire autant du Ghana, du Bénin et de bien d'autres pays d'Afrique noire.

La dégradation du ciment laisse apparaître l'armature en grillage.
Un monument de Kékréni.

Le sociologue africaniste Georges Balandier avait eu l'occasion d'observer « des manifestations plus savantes de cet art funéraire, par lequel l'âge du ciment rejoint la vieille foi des ancêtres ». Il écrivait, en 1957, dans son ouvrage : *Afrique ambiguë*[16] :

---

16. Balandier G., *Afrique ambiguë*, Plon, 1957.

« Les tombeaux sont souvent flanqués de personnages, sortes de gardiens coulés sur leurs socles en attitudes désopilantes. On trouve des hommes couverts d'une polychromie, l'un les bras en croix, l'autre pris dans une gesticulation qui combine le salut militaire et le geste d'arrêt du policier de la circulation... Mais ce sont surtout les tombeaux des chefs qui s'accompagnent de cette luxuriance de formes et de couleurs.... La tombe est riche d'accessoires enduits de couleurs crues ; tout un mobilier se trouve figuré avec un soin particulier apporté au salon qui manifeste l'importance sociale du défunt ; aux alentours, un édifice au toit de tôles ondulées protège l'ensemble. Aux environs, les précaires demeures des vivants se blottissent sous des couvertures d'herbes sèches dégradées par les intempéries. »

Cet art nouveau, montre à quel point « l'Art Nègre »[17], dans ses expressions les plus populaires, reste avant tout une méditation sur la mort et la réussite sociale de la vie humaine.

---

17. Expression utilisée par Balandier.

Répertoire
Des principaux monuments funéraires

	Nombre de monuments	Sexe du défunt	Religion du défunt	Sous-préfecture d'implantation
1. Préfecture d'Abengourou				
Apprompronou	1	M	T	Abengourou
Kirifi	1	M	T	Abengourou
Ebouassué	1	M	T	Abengourou
Bébou	1	M	C	Abengourou
Akoboissué	2	M-M	T-T	Agnibilékrou
Yeboikro	1	M	T	Agnibilékrou
2. Préfecture de Bongouanou				
Abongoua	2	M-M	C-C	Bongouanou
Kangandi	1	F	C	Bongouanou
Brou Akpaoussou	1	M	T	Bongouanou
Arrah	1	M	T	Arrah
M'Baousséssou	1	M	C	Bongouanou
Agoua	1	M	T	M'Batto
Adiborobo (4 sépultures) (2)	1	M	2T-2C	M'Batto
3. Préfecture d'Adzopé				
Ananguié	1	M	C	Akoupé
Afféry	2	M-M	C-C	Akoupé
Bacon	1	M	C	Akoupé

	Nombre de monuments	Sexe du défunt	Religion du défunt	Sous-préfecture d'implantation
4. Préfecture de Bouaké				
Tebessi	1	M	T	Prikro
Djébonoua (2 sépultures)	1	M	T	Djebonoua
Molonou-Blé	1	M	C	Didiévi
N'Gattakro	1	M	T	Daoukro
Morokro	1	M	T	Sakasso
5. Préfecture de Bondoukou				
Kouassi N'Dawa	1	M	T	Bondoukou
Appimandoum	1	F	T	Bondoukou
Dadiassé	3	M	T	Tanda
Adandia	4	3M-1F	3T+1C	Tanda
Bakontié	2	M	T	Tanda
Kékréni	8	6M-2F	T	Tanda
N'Zéré	1	M	T	Bondoukou
Fissa	2	M	T	Bondoukou
Assuéfry	1	M	T	Tanda
Transua	1	M	T	Tanda
Kokomia	1	M	T	Koun-Fao
Améakro	1	M	T	Koun-Fao
Dodassué (2 sépultures)	1	M	T	Koun-Fao
Morosankro	1	M	T	Kouassi-Datékro
Daboyaokro	1	M	T	Kouassi-Datékro
N'Dakro	1	M	T	Koun-Fao
Déimba	1	M	T	Koun-Fao

	Nombre de monuments	Sexe du défunt	Religion du défunt	Sous-préfecture d'implantation
Dokanou	2	M	T	Koun-Fao
Nakawa	1	M	T	Bondoukou
Kongodia	1	M	C	Tanda
Sépé	1	M	T	Tanda
6. Implantations diverses				
Aman-Salékro	1	M	T	Tiébissou
Oumé	1	M	T	Oumé
Kabagué	1	M	T	Soubré
Issia	1	F	T	Issia
Guesseyo (à 1 étage)	1	M	T	Gagnoa

(1) <u>Légende</u> :

    F = féminin

    M = masculin

    T = religion traditionnelle

    C = religion chrétienne

    (2) Ce chiffre indique le nombre de morts ensevelis dans le même tombeau.

    (3) Le découpage administratif a évolué en trente ans. La carte ci-jointe renvoie à la situation actuelle des sous-préfectures.

Carte administrative de la Côte d'Ivoire

Table des matières

Publications
de la Société des Missions Africaines

Biographies des Pères sma
par Gilles Babinet

- Melchior de Marion Brésillac (1813-1859), Fondateur de la Société des Missions Africaines ;
- Augustin Planque (1826-1907), co-fondateur de la Société des Missions Africaines ;
- Mgr Jean-Baptiste Chausse (1846-1894), un missionnaire intrépide au pays yoruba ;
- Mgr Louis Dartois (1861-1905), premier Vicaire apostolique du Dahomey ;
- Mgr François Faroud (1885-1963), un pionnier au Sahel ;
- Émile Barril (1874-1961), Fondateur des Oblates Catéchistes, Petites Servantes des Pauvres

Mission et témoignages

Journeying to SMA priesthood,
par Tim Cullinane

Ce livre vise un but pratique. Il devrait figurer sur la liste des livres de spiritualité qui sont obligatoires dans toutes les maisons de formation. Il sera bien utile à nos futurs prêtres dans leur vie sacerdotale et peut se révéler un bon outil pour évaluer leur formation permanente. Le sacerdoce est un appel à se faire le serviteur des autres. Le sacerdoce missionnaire est un appel particulier, au sein de la catégorie des prêtres, à se faire le serviteur de ceux qui se trouvent à l'extérieur de son environnement et de sa situation culturelle.
Price : 10 €

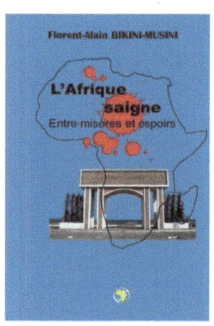

L'Afrique saigne : entre misères et espoirs
par Florent-Alain Bikini Musini

Le Père Florent-Alain Bikini est originaire de la République Démocratique du Congo. À travers ce livre, il nous introduit à une réflexion sur les problèmes actuels de l'immigration clandestine entre l'Afrique et l'Europe et nous invite à sortir de l'afropessimisme : « Cette étude se veut une analyse croisée, qui aborde de manière consciente et pragmatique les faits sociaux de l'histoire d'Afrique, afin de puiser en elle des éléments essentiels pour la construction d'un destin commun et meilleur. »
Prix : 15 €

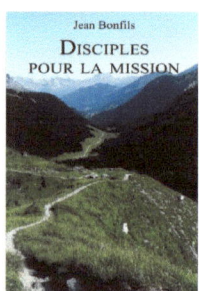

Disciples pour la Mission
par Mgr. Jean Bonfils

Jean Bonfils, sma, évêque émérite de Nice, présente, dans ce livret, une sélection de textes qu'il a extraits du livre « L'École apostolique », rédigé par Mgr Paul Pellet (Lyon, Imprimerie des Missions Africaines, 2ème édition, corrigée, 1923).
Prix : 10 €